Frohe Weihnachten mit Anselm Grün

FROHE
WEIHNACHTEN
mit
Anselm Grün

HERDER

FREIBURG · BASEL · WIEN

Inhalt

✦ *Inhalt* ✦

Frohe Weihnachten

Viele erleben die Tage vor Weihnachten als eine Zeit, in der sie rennen und hasten, in der sie vor sich selbst davonlaufen. Aber in all dieser Betriebsamkeit steckt die Sehnsucht, endlich einmal anzukommen, einfach nur da zu sein und die Gegenwart zu genießen. Wir müssen erst einmal bei uns selbst ankommen, damit wir die Ankunft Jesu Christi erleben können. Er kommt zu uns, damit wir aufhören können, außen herumzuirren, und dort ankommen, wo wir daheim sind: im eigenen Herzen, in dem Gott, das Geheimnis selbst, in uns wohnt.

Mitten in der Nacht wird Christus geboren. Unsere Vorfahren hatten Angst vor den Nächten zwischen dem 24. Dezember und dem 6. Januar. Es waren die „Raunächte", in denen – so dachte man – die Dämonen um die Häuser herumschwirren und den Menschen schaden. So haben die Menschen ihre Häuser mit Tannenzweigen geschmückt, um sich vor den Dämonen zu schützen. Die christlichen Missionare haben diese Ängste der Germanen aufgegriffen und die Weihnachtsbotschaft in Bildern verkündet, die die Herzen der Zuhörer berührten.

Wir heute haben kaum Angst vor der äußeren Nacht. Aber in der Nacht unserer Seele nisten sich auch heute Ängste ein. Jesus ist als Licht auch in deine Nacht gekommen. Wo er ist, da wird alles hell. Dort, wo Christus in dir ist als das Licht, dort wird auch deine Nacht zur geweihten Nacht, zur „Weihnacht". Wo Christus in dir ist, da bist du beschützt vor allem, was dich je bedrohen möchte. Er erleuchtet mit seinem Licht und mit seiner Liebe auch deine Nacht.

Das ist die frohe Botschaft von Weihnachten.

1

Gott träumt den Menschen

Gott hatte einen Traum. Er träumte die Schöpfung. Und er schuf sie. Er schuf den Himmel und die Erde, die Blumen und Gräser, die Bäume und Wälder, die Berge und Hügel, die Flüsse und das Meer, die Fische und Vögel, die Insekten und die Säugetiere. Aber es fehlte Gott etwas an seinem Traum. Da träumte er den Menschen, der nach seinem Bild und Gleichnis geschaffen ist. Er schuf den Menschen als Mann und

Frau. Doch der Mensch verdunkelte
das Bild, das Gott sich von ihm gemacht
hatte. Er entfremdete sich von Gott. Er
lief vor Gott davon, aber auch vor sich
selber. Er trennte sich von seinem eigenen Ursprung. Er lebte nicht vor Gott,
sondern versteckte sich vor ihm. Er ver-
krümmte sich in sich selbst. Er ver-
schloss die Türen seines Herzens und
ließ Gott nicht mehr bei sich eintreten.
Er gab nicht nur die Gemeinschaft mit
Gott auf, sondern wandte sich auch gegen sich selbst und gegen seine Brüder
und Schwestern. Er geriet auf Abwege,
verstrickte sich im Dickicht seiner eigenen Lügen.

Da träumte Gott seinen Traum von Neuem. Er träumte, wie der Mensch eigentlich gedacht war. Und er verwirklichte seinen Traum, indem er einen neuen Anfang setzte. Er ließ seinen eigenen Sohn, das Bild seiner Herrlichkeit, Mensch werden. „Der Einzige, der Gott ist und am Herzen des Vaters ruht" (Johannes 1,18), er sollte Mensch werden und das Urbild des Menschen wieder herstellen. Er sollte den Menschen vor Augen führen, wie sie sein könnten, wenn sie aus der Einheit mit Gott heraus lebten. Er sollte sie an ihren göttlichen Ursprung erinnern, an den göttlichen Kern, den sie noch in sich trugen, aber den sie durch ihre Sünde verdunkelt hatten.

An Weihnachten feiern wir den Traum Gottes, wie er in Jesus Christus sichtbar geworden ist. Wir feiern den Menschen, wie er in seinem reinen Wesen in Jesus aufgeleuchtet ist.

2

Ein neuer Anfang

Gott setzte einen neuen Anfang, indem er seinen Sohn aus einer Jungfrau Gestalt annehmen ließ. Er sollte nicht einfach die Geschlechterkette weiterführen, die sich immer mehr in Schuld verstrickt hatte. Ein neuer Anfang sollte den Menschen die Chance geben, selber von Neuem anzufangen, ihr Leben neu in die Hand zu nehmen und es so zu gestalten, wie es von Gott her gedacht war. Die Geburt aus der Jungfrau sollte dem Menschen ein Signal sein: „Du bist nicht festgelegt durch die Geschichte deiner Verletzungen und Kränkungen, durch die Geschichte deiner Irrungen und Verirrungen. Du kannst heute von Neuem beginnen. Du kannst dein Feld, das durch Unachtsamkeit so voller Dornen ist, von Neuem bestellen. Beginnen heißt: urbar machen. Du kannst dein Feld urbar machen, damit du reiche Frucht bringst und deine ursprüngliche Schönheit aufblüht."

In der Geburt seines Sohnes aus der Jungfrau ließ Gott sichtbar werden, dass auch wir „nicht aus dem Blut, nicht aus dem Willen des Fleisches, nicht aus dem Willen des Mannes, sondern aus Gott geboren" sind (Johannes 1,13). Wir sind nicht die, die den Willen des Mannes erfüllen müssen, die so werden, wie unsere Väter es möchten, die sich anpassen und sich über ihre Leistung definieren. Wir sind nicht aus dem Willen des sterblichen Fleisches geboren, hinfällig und vergänglich. In uns ist vielmehr der unvergängliche Same Gottes eingepflanzt. Wir sind nicht aus dem Blut geboren. Wir verstehen uns nicht von unserem Stammbaum, von unserer Familiengeschichte her. Wir sind aus Gott geboren. Wir definieren uns von Gott her. Gott setzt in jedem Menschen einen neuen Anfang. Er gibt jedem die Chance, auf

einmalige Weise das Bild zu verwirkli-
chen, das Gott sich von ihm gemacht
hat.

3

Die Menschlichkeit Gottes

Der Titusbrief bringt das Geheimnis von Weihnachten zum Ausdruck in dem prägnanten Satz: Erschienen ist „die Güte und Menschenfreundlichkeit Gottes, unseres Retters" (Titus 3,4). Das griechische Wort für Menschenliebe (*philanthropía*) übersetzen die Lateiner mit *humanitas,* Menschlichkeit. In Christus ist die wahre Humanitas, das ursprüngliche Bild des Menschen, sichtbar erschienen. Und diese Menschlichkeit Gottes ist geprägt von Güte und Liebe. Der Mensch, den Gott sich erträumt hat, spiegelt in seinem Gesicht Güte und Liebe wider. Er strahlt Milde und Freundlichkeit aus. Er ist gut zu sich und zu den Menschen. Er glaubt an das Gute und lockt so den guten Kern in seinen Brüdern und Schwestern hervor. Er liebt nicht nur seinen Nächsten, seine Freunde und Bekannte, ja nicht nur seine Feinde. Er ist selbst Liebe. Sein Wesen ist: Liebe zu sein.

Der Verfasser des Titusbriefes sieht die Situation des Menschen vor dem Erscheinen Christi als verfahren und heillos: „Wir waren einst unverständig, in

Irrtum befangen, Sklaven mannigfacher
Begierden und Leidenschaften, lebten in
Bosheit und Neid dahin, gehasst und
voll Hass gegeneinander" (Titus 3,3).
Aus diesem unheilvollen Zusammen-
hang hat uns das Erscheinen der Güte
und Menschenliebe Gottes in Jesus
Christus herausgerissen. Er hat uns ge-
rettet, wie der Titusbrief sagt. Er hat uns
von den Fesseln befreit, die uns gefangen
hielten. Er hat uns, die wir zerrissen waren, wieder ganz gemacht. Er hat uns,
die wir uns verirrt hatten, auf den rech-
ten Weg gebracht. Und er hat uns befreit
von dem Zwang, einander zu hassen. Als
Gottes Menschlichkeit in Christus er-

schien, hat dieses wahre Bild des Menschen auch in uns etwas verwandelt. Es hat uns in Berührung gebracht mit dem ursprünglichen Bild, das Gott sich von uns gemacht hat. Es hat den Schmutz abgewaschen, der unser Bild verstellt hat, und das Urbild in neuer Schönheit erstrahlen lassen.

4

Geburt in der Fremde

Lukas schildert uns die Geburt Jesu als Geburt auf dem Wege, als Geburt in der Fremde. Lukas ist Grieche. Er versteht die Menschwerdung Gottes in Jesus Christus nach Art und Weise der Griechen. Für ihn ist Jesus der göttliche Wanderer, der vom Himmel herabkommt, um mit uns zu wandern und uns immer wieder an unseren göttlichen Kern zu erinnern. Er vermittelt uns, dass wir nicht nur Menschen dieser Erde sind, sondern zugleich Menschen des

Himmels, die wie Jesus auf dem Weg sind, bis auch wir in den Himmel aufgenommen werden. Das Bild der Wanderschaft taucht schon bei der Geburt Jesu auf. Die Eltern müssen sich auf Wanderschaft begeben. Aus Nazaret, ihrer Heimat in Galiläa, müssen sie sich aufmachen, um sich in Betlehem in die Steuerlisten eintragen zu lassen. Und dort erfahren sie das Schicksal der Fremden: Es ist kein Platz für sie in der Herberge. Die Häuser der Menschen sind für sie verschlossen.

Die Geburt Jesu in der Fremde ist für Lukas ein Bild für unser Menschsein. Wir leben hier auf der Erde, aber wir

sind hier letztlich nicht daheim. Unsere
Heimat ist im Himmel. Die Häuser der
Menschen sind zu eng für uns. Das Haus
unserer Seele ist weiter. In uns wohnt
Gott, der in keine menschliche Woh-
nung eingezwängt werden kann. Aber
dort, wo Gott in uns wohnt, dort ist
Heimat. Die Fremde, die Lukas so dras-
tisch schildert, wird auf einmal zum
Mittelpunkt der Welt. Engel erscheinen
und singen das Lob von Gottes Herrlichkeit und das Lied vom Frieden, der auf
Erden entsteht, wenn Gott in uns Raum
findet. An Weihnachten schmücken wir
unsere Häuser, um auszudrücken, dass
unsere Fremde zur Heimat geworden

ist, weil Gott selbst unter uns wohnt, ja weil Gott in uns selber geboren werden will. Wenn Gott bei uns ist, dann können wir bei uns zu Hause sein, dann öffnet sich der Himmel über der Erde, dann berühren sich Himmel und Erde gerade dort, wo wir sind.

5

Die Suche nach einem Zuhause

Die Bemerkung des Evangelisten Lukas, dass für Maria und das Kind kein Platz in der Herberge war (Lukas 2,7), hat die Volksfrömmigkeit aufgegriffen in ihren Spielen und Liedern zur Herbergssuche. Offensichtlich hat die Volksseele gespürt, dass Maria und Josef das Schicksal vieler Flüchtlinge und Asylanten teilen, die nach einem Zuhause suchen und ähnlich abgewiesen werden, wie es damals vor 2000 Jahren geschah. Gerade nach dem Zweiten Weltkrieg war das Lied „Wer klopfet an?" beliebt. Im Schicksal von Jesu Eltern fanden sich viele Menschen wieder, die aus ihrer angestammten Heimat vertrieben wurden. Sie meinten, sie würden bei ihren Volksgenossen auf Verständnis stoßen. Aber die sahen nur ihre eigenen Bedürfnisse. Noch schwerer muss es die Menschen treffen, die aus einer anderen Kultur verstoßen werden und nach einer Herberge suchen.

Das deutsche Wort „Herberge" meint ursprünglich einen Ort, der das Heer bergen kann, an dem das Heer vor dem Feind einen Schutzraum findet, und einen Raum, in dem es neue Kraft schöpfen kann. Herberge ist die Verheißung, dass wir in unseren inneren Kämpfen immer wieder Heimat finden, in der wir uns geborgen wissen. Unsere Menschwerdung sucht ein Zuhause. Wir brauchen einen schützenden Raum, in dem das ungeschützte Kind sicher aufwachsen kann. Wir brauchen einen Ort, an dem wir uns einwurzeln können, damit sich unsere innere Gestalt entfaltet. Zugleich zeigt uns die Herbergssuche, dass wir wie Maria und Josef auf dem Weg sind, dass wir Pilger sind, die keine bleibende Stätte haben. Die Herberge, die uns hier auf Erden Geborgenheit schenkt, ist immer nur eine Herberge auf Abruf. Sie verweist uns auf die ewige Herberge, die uns Gott schenkt, wenn unser irdischer Weg zu Ende geht. Weil wir alle Pilger sind, lädt uns die Herbergssuche von Jesu Eltern ein, Menschen auf dem Weg eine Herberge anzubieten, in der sie eine Zeit lang Ruhe finden vor den inneren Kämpfen, in der ihr inneres Kind geboren wird und heranwächst, bis es auf dem Weg der Menschwerdung weiterziehen und den eigenen Weg finden kann.

6

Der Stall als Ort der Geburt

Jesus wurde im Stall geboren, „weil in der Herberge für sie kein Platz war" (Lukas 2,7). Seit dem Mittelalter haben die Künstler mit Vorliebe den Stall dargestellt, in dem Jesus geboren wurde. Offensichtlich hat sie das Bild des Stalles sehr bewegt. Auch für den Schweizer Psychologen C. G. Jung ist der Stall ein wichtiges Symbol. Er meinte, der Mensch solle immer daran denken, dass er nur der Stall ist, in dem Gott geboren wird, und nicht der Palast, den er Gott gerne anbieten möchte. Dort, wo die Tiere aufgestellt sind, dort findet die Geburt Jesu statt. Wo die Menschen wohnen, wo sie sich daheim fühlen, dort sind die Türen verschlossen. Stall, das steht für den Bereich in uns, in dem die Tiere wohnen, das heißt: die Instinkte, die Triebe, die Vitalität, die Sexualität. Diesen „tierischen" Bereich möchten wir am liebsten vor uns selbst und vor den Menschen verstecken. Wir genieren uns davor. Denn diesen Bereich haben wir nicht im Griff. Er ist nicht sauber. Er riecht nicht angenehm. Er ist nicht chemisch gereinigt. Auch wenn er geputzt wird, erinnert der Stall noch an Kot und Urin. Das möchten wir lieber nicht anschauen. Das ist uns peinlich. Aber gerade dort will Gott in uns geboren werden.

Wir finden Gott nicht in erster Linie dort, wo wir arbeiten, wo wir uns häuslich einrichten, wo wir andere Menschen einladen, sondern in unserem Stall. Das verlangt von uns die Haltung der Demut. Wir brauchen den Mut, den eigenen Stall für Gott zu öffnen. Nur wenn wir alles, was in uns ist, Gott hinhalten, wird Gott in uns einziehen. Er begnügt sich nicht damit, nur in unseren fein geputzten Gästezimmern zu wohnen. Er

will auch in unsere Tiefe hinabsteigen.
Er möchte auch unsere Dunkelheiten
erleuchten. Auf den Weihnachtsbildern
erhellt das Licht, das vom göttlichen
Kind ausgeht, den Stall und taucht alles
in ein mildes Licht. Dort, wo das göttliche Kind liegt, darf alles sein, dort wird
alles menschlich, gütig und gut.

7

Das Kind in der Krippe

Den Hirten verkündet der Engel: „Ihr werdet ein Kind finden, in Windeln gewickelt, in einer Krippe liegend" (Lukas 2,12). Während die Menschen ihre Häuser vor dem göttlichen Kind verschließen, treten die Tiere ihre Krippe ab. Die Tiere stehen zurück. Sie spüren, dass da das Geheimnis einer Geburt geschieht, dass eine Mutter eine Liegestelle für ihr Kind braucht. Die Menschen wollen sich nicht verunsichern lassen von dem fremden Paar, das da nach einer Herberge sucht. Es gibt zahlreiche Märchen, in denen einem Menschen der Besuch Gottes angekündigt wird. Der Mann oder die Frau richten eifrig ihr Haus her und kochen das Beste, das sie zu bieten haben. Dann warten sie den ganzen Tag auf das Kommen Gottes. Doch Gott kommt nicht. Stattdessen schaut ein armer Straßenjunge vorbei. Er wird weggeschickt, weil er die schön hergerichtete Tafel durcheinanderbringen würde. Ein Bettler erscheint. Auch er wird abgewiesen, da er den Besuch Gottes stören würde. Und auch die alte hilfsbedürftige Frau bekommt nichts von den vielen

Speisen. Voller Enttäuschung geht der Mann oder die Frau zu Bett. Und im Traum erscheint Gott und zeigt auf, dass er dreimal gekommen sei, aber immer wieder abgewiesen wurde. Menschen, die mit ihrer instinkthaften Seite in Berührung sind, überlegen nicht lange. Sie nehmen den auf, der gerade Hilfe braucht. Und dann dürfen sie erfahren, dass es Gott war, dem sie ihr Haus geöffnet haben.

Das Kind in der Krippe zeigt, wie Gott seinen Traum vom Menschen auf ganz andere Weise geträumt hat, als es die Menschen erwarteten. Das Kind wird nicht im Palast geboren, sondern im Stall. Es hat kein weiches Himmelbett, sondern eine harte Futterkrippe. Man sieht dem Kind seine göttliche Würde nicht an. Es ist hilflos. Es braucht menschliche Zuwendung. Es muss gestillt und genährt werden. Wenn wir auf das Kind in der Krippe schauen, ahnen wir, wie Gottes Traum von uns aussieht. Dort, wo wir am Ende sind, wo wir in eine Sackgasse geraten sind, wo wir uns unverstanden und abgelehnt und ausgestoßen fühlen, gerade dort will Gott in uns geboren werden. Dort, wo wir nicht hinschauen wollen, im Bereich unserer Triebe, in den Abgründen unserer Seele, dort, wo es kalt und hart in uns ist, dort

steht in uns die Krippe bereit, in die Gott seinen Sohn legen will, damit er auch in uns geboren wird, damit er für uns zum Messias wird, der uns befreit aus dem Land der Gefangenschaft, aus dem inneren Gefängnis unserer Zwänge und unserer Idealbilder, um uns zu retten, zu befreien zu dem Menschen, den Gott sich von uns erträumt hat.

8

Die Hirten auf dem Felde

Während Maria ihr Kind in Windeln wickelt und in eine Krippe legt, lagern Hirten auf dem freien Feld und halten Nachtwache bei ihrer Herde (Lukas 2,8). Die Hirten werden zu den ersten Boten der Menschwerdung Gottes. Warum gerade die Hirten? Gesetzesstrenge Juden hielten die Hirten für Sünder und verachteten sie. Die Griechen dagegen schrieben den Hirten ein besonderes Gespür für das göttliche Kind zu.

Die Hirten, die ihre Herden hüten, die für die Tiere sorgen, haben offensichtlich auch ein Gespür für den Raum, den das göttliche Kind braucht. Sie nähren es und wachen bei ihm, so wie sie bei ihren Herden Nachtwache halten. Mitten in der Nacht, da andere schlafen, sind sie wach. Sie hören in die Nacht hinaus, ob da nicht ein Wolf komme, der ihre Schafe reißen möchte, oder ein Räuber, der sich anschleicht, um ein Schaf zu stehlen. Die Hirten sind hörende Menschen. Sie hören auf die Geräusche der Nacht. Das Ohr schläft niemals. Selbst in der Nacht ist es noch aktiv und hört.

Hören – so meint Joachim-Ernst Berendt – ist eine weibliche Qualität im Gegensatz zum Sehen, das typisch männlich ist. Im Hören empfangen wir, was sich unserem Ohr anbietet. So sind Hörende offensichtlich bereiter, auch das göttliche Kind zu empfangen, das in ihnen geboren werden will.

Von den Hirten heißt es, dass sie Nachtwache hielten. In der Nacht, da man kaum zu sehen vermag, verlassen sie sich ganz auf ihre Ohren. Sie lauschen in die Nacht hinein. So sind sie Bild für den hörenden Menschen. Der hörende Mensch ist offen für das Neue, das ihm gesagt wird. Er öffnet sich dem

Unerwarteten. Er hört genau hin, was sich ihm darbietet. Martin Heidegger spricht vom Horchsamen, der horchend gehorsam ist, der aufmerksam ist, der nicht zerstreut und in sich zerrissen, sondern bei sich ist. Es braucht dieses aufmerksame und horchsame Hören, um die unerhörte Botschaft von der Menschwerdung Gottes zu vernehmen, um das Unhörbare in den Worten herauszuhören, die der Engel den Hirten zuspricht. Das Hören ist für die Griechen der affektivste Sinn. Die Gefühle gehen über das Hören. So wächst in den Hirten die Freude, die ihnen der Engel verkündet. Sie müssen erst hören, bevor sie das Geheimnis der Menschwerdung auch mit ihren Augen zu schauen vermögen.

9

Der Glanz des Engels

Die Hirten hören nicht nur die Botschaft des Engels. Sie dürfen ihn auch schauen. „Da trat der Engel des Herrn zu ihnen und die Herrlichkeit des Herrn umstrahlte sie" (Lukas 2,9). Die Hirten werden geblendet vom Glanz des Engels. Sie sehen nicht seine Gestalt, sondern den Glanz, den er verbreitet. Sie werden eingehüllt in das helle Licht des Engels. Sie sehen nicht etwas Bestimmtes, das sie genau beurteilen könnten; vielmehr werden ihre Augen erleuchtet.

In ihnen wird alles hell. Mitten in der Nacht blicken sie durch. Sie schauen das Geheimnis Gottes und das Geheimnis der Welt. Ihre Augen öffnen sich und sehen das Licht Gottes mitten in der Nacht ihres Lebens. Ihre Nacht wird verwandelt. Gottes Licht leuchtet in ihrer Finsternis. In diesem Licht schauen sie schon ihre Erlösung. Sie müssen nicht mehr im Dunkeln tappen wie die Blinden. Ihre Augen haben sich aufgetan. Sie können das Eigentliche erkennen, dass Gott bei ihnen ist, dass Gott ihnen seinen Engel gesandt hat, dass Gottes Licht stärker ist als alle Finsternis.

Der Engel darf auf keiner Weihnachtsdarstellung fehlen. Er verleiht dem schlichten Geschehen einen göttlichen Glanz. Er deutet uns, was da in dieser schlichten Geburt eines Kindes in der Krippe geschehen ist. Täglich werden Kinder geboren. Und oft genug werden sie in ähnlich ärmlichen Verhältnissen geboren wie damals im Stall von Betlehem. Erst der Engel taucht dieses alltägliche Geschehen in einen göttlichen Glanz. Weihnachten, so zeigt uns die Szene des Engels bei Lukas, geschieht mitten in unserem Alltag, dort, wo wir unsere Arbeit verrichten, dort, wo wir bei unseren Herden lagern, wo wir das behüten, was Gott uns anvertraut hat, wo wir achtsam und sorgfältig tun, was uns aufgetragen ist. Aber wenn wir wie die Hirten wachen, wenn wir den Schlaf unserer Illusionen aufgeben, wenn wir aufwachen zur Wirklichkeit, dann könnten wir auch den Engel wahrnehmen, der uns in unserem Alltag begleitet. Der Engel des Herrn will uns deuten, was da Tag für Tag an uns und in uns geschieht. Er will uns auf die eigentliche Wirklichkeit hinweisen. Das, was wir nach außen sehen, ist nicht alles. Unsere Arbeit, unsere Beziehungen, unsere Sorgen und Mühen, das ist Realität. Aber dahinter leuchtet der Glanz Gottes. Gott ist in

uns geboren. Gott hat sich in uns einge-
fleischt. Er ist in der Menschwerdung
seines Sohnes ununterscheidbar eins mit
uns geworden. Sein Licht leuchtet in unserer Finsternis. Seine Güte strahlt in
unserer Unlust. Seine Liebe strömt gerade dort, wo wir uns hart und vertrock-
net fühlen. Wir müssen nur wie die Hirten – mitten im Schlaf unseres Lebens
– immer wieder die Augen öffnen, damit wir den Engel des Herrn erkennen,
der bei uns ist. Er wird uns die Freude
verkünden, dass der Glanz Gottes auch
unser Leben umstrahlt.

10

Die Tiere an der Krippe

Seit den frühesten Zeiten sind Ochs und Esel auf jeder Krippendarstellung zu sehen. Schon Origenes hat die Worte aus dem Buch Jesaja in Bezug auf die Geburt Jesu gedeutet: „Der Ochse kennt seinen Besitzer und der Esel die Krippe seines Herrn. Israel aber besitzt keine Erkenntnis, mein Volk hat keine Einsicht" (Jesaja 1,3). Während die Menschen blind sind für das Geheimnis der Menschwerdung Gottes, spüren die beiden Tiere, dass da in dem Kind in der

Krippe Gott selbst sichtbar erschienen ist. Der Esel, auf dem Bileam ritt, sah den Engel, während der berühmte Prophet blind ist für den Engel, der ihm den Weg versperrte, weil der Weg zu abschüssig war (vgl. 4. Mose 22). Der Esel repräsentiert die Kreatur, die mehr vom Willen Gottes versteht als der Mensch mit seinem Verstand. Der Esel gilt als störrisch. Franziskus spricht von seinem Leib als dem Bruder Esel. Der Leib entzieht sich oft genug der Herrschaft der Vernunft. Aber er hat ein feines Gespür für das, was für uns stimmt. Der Leib möchte zum Tempel Gottes werden, zur Krippe, in dem das göttliche Kind geboren wird. Der Leib zeigt uns an, wenn wir gegen das Bild verstoßen, das Gott sich von uns gemacht hat. Er meldet sich zu Wort, wenn sich der Engel Gottes uns in den Weg stellt, um uns vor abschüssigen Wegen zu bewahren, vor Wegen in die Krankheit und in den Tod.

Der Ochse symbolisiert Friedfertigkeit und gutmütige Stärke. Er steht für unsere Vitalität und Kraft, für unsere Triebnatur und für den Instinktbereich des Menschen. Mit unserem Verstand sehen wir am Kind in der Krippe vorbei. Da verstehen wir nicht, dass das göttliche Kind in uns einen Schutzraum braucht. Viele Legenden erzählen, dass Ochs und Esel das frierende Kind mit ihrem Atem wärmen. Sie sind wie ein mütterlicher Schutzraum für das göttliche Kind. Wir müssen in Berührung sein mit dem Esel und Ochsen in uns, mit unserem Leib, mit unserer Vitalität, mit unserem Trieb- und Instinktbereich. Sonst kann nichts wirklich Neues in uns geboren werden. Sonst kann Gott in uns nicht Mensch werden. Gott möchte in der Fleischwerdung seines Sohnes alle Bereiche unseres Leibes und unserer Seele durchdringen. Aber das kann er nur, wenn wir den Ochsen und Esel in uns mitbringen zur Krippe und wenn wir von den beiden Tieren lernen, dass unser Leib seine eigene Weisheit hat, dass auch unsere Instinkte und Triebe weise sind und das Geheimnis der Verwandlung in der Menschwerdung Jesu Christi oft besser verstehen als unser Verstand.

11

Der Traum des Josef

Der Weihnachtsengel zeigt sich im Matthäusevangelium auf andere Weise. Da ist es nicht der Glanz, der die Geburt Jesu umstrahlt. Der Engel erscheint dem Josef im Traum. Josef versteht nicht, was mit seiner Verlobten Maria geschehen ist. Sie ist schwanger, aber nicht von ihm. Wenn Josef dem Gesetz Genüge leisten wollte, dann müsste er sie vor Gericht bringen. Das würde ihren sicheren Tod bedeuten. Sie würde gesteinigt werden. Doch Josef ist gerecht. Er will nicht das Gesetz erfüllen, sondern seiner Verlobten gerecht werden. So überlegt er sich, dass er sie heimlich entlassen wolle. Doch da erscheint ihm ein Engel des Herrn im Traum und spricht ihn an: „Josef, Sohn Davids, scheu dich nicht, Maria, deine Frau, zu dir zu nehmen; denn was sie empfangen hat, ist vom Heiligen Geist" (Matthäus 1,20). Der Engel deutet das Geschehen, das der Verstand nicht verstehen kann. Er zeigt Josef die eigentliche Wirklichkeit. Und der Engel fordert Josef dazu auf, Maria nicht zu entlassen, sondern zu sich zu nehmen. Der Engel verlangt Gehorsam. „Als Josef vom Schlaf erwachte, tat er, wie der Engel des Herrn ihm aufgetragen hatte" (Matthäus 1,24). Immer wieder wird der Engel Josef im Traum erscheinen. Und Josef wird genau das tun, was ihm der Engel sagt, bis der Sohn Mariens stark genug ist, sodass ihm niemand mehr nach dem Leben trachten kann.

Gott schickt auch uns immer wieder seinen Engel, damit er uns im Traum zeigt, wie unser Weg weitergeht. Der Traumengel erscheint uns vor allem immer dann, wenn in uns etwas Neues entsteht, wenn wir dabei sind, dem ursprünglichen Traum Gottes näherzukommen. Dann träumen wir von Kindern. Aber manchmal vernachlässigen wir die Kinder im Traum. Wir gehen nicht achtsam mit ihnen um. Der Engel verheißt uns im Kind, dass wir in Berührung kommen mit dem ursprünglichen Bild, das Gott sich von uns erträumt hat. Und er mahnt uns, sorgfältiger mit diesem Kind in uns umzugehen, dafür zu sorgen, dass kein Herodes ihm mehr nachstellt, es zu hegen und zu nähren, bis es sich in uns verwirklicht und keine äußere Macht uns von diesem inneren Kind mehr zu trennen vermag. Damit das göttliche Kind in uns geboren werden kann, braucht es den Traumengel und unseren Gehorsam. Dann wird das, was der Engel uns verheißt, in uns Fleisch werden und unser Leben prägen.

12

Die Anbetung der Magier

Im Matthäusevangelium sind es nicht die Hirten, die das Kind anbeten, sondern die Magier, die Sterndeuter, die Traumdeuter, die Männer aus dem Orient, aus der Ferne, die Vertreter der Heiden. Die Tradition hat in ihnen Könige gesehen. Drei Könige sind es, weil sie für die drei Bereiche des Menschen stehen, für Leib, Seele und Geist, für Verstand, Gefühl und Willen. Königliche Menschen sind es, die sich ihrer Würde bewusst sind.

Und dennoch fallen sie nieder vor dem göttlichen Kind, weil sie in ihm etwas erkennen, was ihnen fehlt. In diesem Kind strahlt Gott selbst auf. Und wenn Gott in einem Menschen aufleuchtet, dann wird der Mensch zu dem, der er eigentlich sein soll, zu dem unverfälschten und einmaligen Bild Gottes, zu dem einzigartigen Ausdruck Gottes in der Welt. Der wahre König ist der, in dem Gott herrscht. Wenn Gott in uns herrscht, dann sind wir frei von der Herrschaft unserer Launen und Leidenschaften, dann hat kein Mensch Macht über uns, dann sind wir von niemandem abhängig, dann sind wir wahrhaft königliche Menschen.

Die Magier finden das Kind und fallen vor ihm nieder, um es anzubeten. Und sie breiten ihre Schätze aus: Gold, Weihrauch und Myrrhe. In ihren Gaben wird deutlich, wer das Kind Mariens ist. Es ist ein Königssohn. Ihm gilt das Gold. Gold weist auf den Glanz hin, der den König umgibt. Gott selbst ist in diesem Kind Mensch geworden. Dem Gottessohn gilt der Weihrauch, der aufsteigt zum Himmel und den Himmel öffnet über unserem Leben. Und dieses Kind ist der Heiland. Es wird die Menschen heilen, vor allem von der Wunde, die sie am meisten bedrückt, von der Wunde des Todes. Dafür steht die Myrrhe, das

Heilmittel aus dem Paradies, das alle unsere Wunden zu heilen vermag.

Die drei Gaben der Magier zeigen auch, wer wir eigentlich sind, welchen Traum Gott von uns geträumt hat. Wir sind königliche Menschen, Königssöhne und Königstöchter. König ist der, der selber lebt, anstatt von außen gelebt zu werden, der selbst herrscht, anstatt von andern beherrscht zu werden. König ist der ganze Mensch, der zu sich und in sich steht. Und wir sind durch die Menschwerdung Gottes in Jesus Christus selbst zu göttlichen Menschen geworden. Gott hat unsere sterbliche Natur verwandelt. In unserer Tiefe sind wir eins mit ihm. Darin besteht unser wahres Wesen. Weil Gott uns in der Geburt seines Sohnes vergöttlicht hat, brauchen wir uns nicht wie Götter zu gebärden, die sich über die Menschen stellen. Wir haben es nicht mehr nötig, irgendwelchen Götzen nachzulaufen. Das göttliche Leben ist in uns. Tief in unserer Seele sind wir schon am Ziel. Da steigt der Weihrauch unserer Sehnsucht auf zum Himmel, in dem wir wahrhaft zu Hause sind. Und auch unsere Berufung besteht darin, Wunden zu heilen. Wir können verletzte Menschen nicht aus eigener Kraft heilen. Aber Gott hat uns Christi heilenden Geist geschenkt, damit wir

seinen Auftrag zu erfüllen vermögen:
„Heilt Kranke, erweckt Tote, macht
Aussätzige rein, treibt Dämonen aus!"
(Matthäus 10,8)

13

Die Flucht nach Ägypten

Der Engel erscheint dem Josef im Traum nicht als Idylle, an der er sich erbauen kann. Er fordert ihn immer wieder zum Handeln auf. Gott schickt uns nicht nur Träume. Er möchte auch, dass wir selbst Hand anlegen, um seinen Traum von uns Wirklichkeit werden zu lassen. Die Geschichte der Menschwerdung, wie sie uns Matthäus erzählt, zeigt uns, dass wir immer wieder aufstehen müssen, um auf unserem Weg der Selbstwerdung weiterzukommen. Der Engel mutet dem schlafenden Josef zu, dass er sich nochmals auf den Weg macht. In Betlehem ist er schon in der Fremde. Man könnte meinen, er sei froh, nun endlich wieder in seine Heimat nach Nazaret ziehen zu können. Doch der Engel des Herrn erscheint ihm im Traum und fordert ihn auf: „Steh auf, nimm das Kind und seine Mutter und flieh nach Ägypten und bleib dort, bis ich es dir sage" (Matthäus 2,13). Und Josef steht auf und flieht mit dem Kind und seiner Mutter nach Ägypten.

Ägypten galt in Israel als Zufluchtsort für Verfolgte. Jesus ist schon als Kind ein Verfolgter, der in die Fremde ziehen muss, der auf die Gastfreundschaft der Menschen angewiesen ist. Ägypten ist aber auch das Land der Zauberei, das Land, das den Kirchenvätern als besonders gottlos erscheint. Jesus – so meinen die Kirchenväter – habe schon in seiner Geburt auch das Heidenland Ägypten geheiligt. Das Fremde und Gottlose wurde von ihm berührt und verwandelt.

In der Fremde kann sich Josef nur auf seine Träume verlassen, in denen der Engel des Herrn immer wieder zu ihm kommt und ihm den Weg weist, den er gehen soll. Er kann sich nicht auf die Priester und Schriftgelehrten verlassen. Er hat keine Heimat in der Synagoge. Aber trotzdem ist er nicht heimatlos und nicht ohne Weisung durch Gott. Gott schickt immer wieder seinen Engel, dass er dem Josef anzeige, was er zu tun hat. Es steckt eine große Weisheit in der Darstellung des Matthäus. Dort, wo wir ungesichert sind, heimatlos, ohne Rückhalt in unserer Familie, dort begleitet uns ein Engel. Mitten in der Ungesichertheit unseres Lebens schenkt uns der Engel Gottes Halt und Klarheit. Er sagt uns im Traum, wie es um uns steht, ob noch Gefahr für uns droht.

Wenn Gott in uns geboren wird, wenn wir in Berührung kommen mit dem Neuen, das Gott in uns schafft, fühlen wir uns oft wie in der Fremde. Wir werden nicht verstanden von den Menschen unserer Umgebung. Wir müssen in ein inneres Asyl gehen, bis uns klar wird, wohin unser Weg geht. Wir brauchen die Absonderung, bevor wir wieder zurückkehren können in die Gemeinschaft derer, die uns vertraut sind. Aber es braucht Zeit, bis wir so erstarkt sind wie das Kind Jesus, um ohne Angst vor Verfolgung in Nazaret in Galiläa wohnen zu können. Galiläa gilt als das Land der Heiden, als das Land, in dem

Juden und Heiden vermischt miteinander wohnen. Es ist Bild für unser Leben, in dem Menschliches sich mit Göttlichem mischt, Frommes mit Gottlosem, die Tretmühle des Alltags mit der Festtagsfreude. Dort, mitten in unserem Alltag, soll das göttliche Kind in uns heranwachsen, dort sollen wir authentisch leben, ohne von Herodes bedroht zu werden, ohne von den Stimmen des eigenen Über-Ichs in eine Richtung gedrängt zu werden, die unserem wahren Selbst widerspricht.

14

Der Traum von Weihnachten

Gott hat einen Traum vom Menschen. Er wird in Jesus Christus Wirklichkeit. Der Mensch ist Königssohn und Königstochter. Er ist Sohn und Tochter Gottes. Und er ist Heiler und Heilerin. Gott träumt diesen Traum für jeden einzelnen Menschen immer wieder neu. Das Bild, das Gott sich von einem Menschen erträumt, ist jeweils einmalig und einzigartig. Unsere Aufgabe wäre, diesen einmaligen Traum Gottes in dieser Welt sichtbar werden zu lassen. Der Blick auf Jesus Christus, in dem Gottes Traum in unübertrefflicher Weise aufgeleuchtet ist, kann uns helfen, auch in uns das Bild aufscheinen zu lassen, das Gott sich von uns erträumt hat. Dann feiern wir wahrhaft Weihnachten. Dann wird Gott in uns geboren. Dann wird unser Leben neu, dann erscheint auch in uns die Güte und Menschlichkeit Gottes, unseres Heilands.

Die Weihnachtsgeschichte nach Lukas

In jenen Tagen erging ein Erlass des Kaisers Augustus, den ganzen Erdkreis in Steuerlisten einzutragen. Diese Aufzeichnung war die erste und geschah, als Quirinius Statthalter von Syrien war. Alle gingen hin, sich eintragen zu lassen, ein jeder in seine Stadt. Auch Josef zog von der Stadt Nazaret in Galiläa hinauf nach Judäa in die Stadt Davids, die Betlehem heißt. Denn er war aus dem Haus und Geschlecht Davids. Er wollte sich mit Maria eintragen lassen, seiner Verlobten, die schwanger war. Während sie dort waren, kam für Maria die Zeit ihrer Niederkunft und sie gebar ihren Sohn, den Erstgeborenen, wickelte ihn in Windeln und legte ihn in eine Krippe, weil in der Herberge für sie kein Platz war.

Und in derselben Gegend waren Hirten auf dem Feld, die bei ihrer Herde Nachtwache hielten. Da trat der Engel des Herrn zu ihnen und die Herrlichkeit des Herrn umstrahlte sie und sie fürchteten sich sehr. Der Engel aber sagte zu ihnen: „Fürchtet euch nicht! Denn ich verkünde euch eine große Freude, die dem ganzen Volk zuteil werden soll. Heute ist euch in der Stadt Davids der

Retter geboren, nämlich der Messias, der Herr. Und dies soll euch das Zeichen sein: Ihr werdet ein Kind finden, in Windeln gewickelt, in einer Krippe liegend." Und plötzlich war bei dem Engel eine Menge himmlischer Heerscharen, die Gott lobten und sprachen: „Herrlichkeit in den Höhen für Gott und auf der Erde Friede den Menschen seiner Huld!"

Als die Engel von ihnen weg in den Himmel gegangen waren, sagten die Hirten zueinander: „Lasst uns nach Betlehem gehen und sehen, was geschehen ist und was der Herr uns kundgetan hat." Sie kamen eilends hin und fanden

Maria und Josef und das Kind, das in der Krippe lag. Als sie es sahen, berichteten sie von dem Wort, das ihnen über dieses Kind gesagt worden war. Und alle, die es hörten, wunderten sich über das, was ihnen von den Hirten erzählt wurde. Maria aber bewahrte alle diese Worte und erwog sie in ihrem Herzen.

Lukasevangelium 2,1-19

Die Weihnachtsgeschichte nach Matthäus

Als nun Jesus geboren war, zu Betlehem im Lande Juda in den Tagen des Königs Herodes, da kamen Magier aus dem Osten nach Jerusalem und fragten: „Wo ist der neugeborene König der Juden? Wir haben seinen Stern aufgehen sehen und sind gekommen, um ihm zu huldigen." Als König Herodes das hörte, erschrak er und ganz Jerusalem mit ihm. Er ließ alle Hohenpriester und Schriftgelehrten des Volkes zusammenkommen und forschte sie aus, wo der Messias geboren werden solle. Sie antworteten ihm: „In Betlehem in Judäa. Denn so steht beim Propheten geschrieben: Du, Betlehem im Land Juda, bist keineswegs die geringste unter den führenden Städten Judas; denn aus dir wird ein Herrscher hervorgehen, der mein Volk Israel weiden wird."

... Und der Stern, den die Magier hatten aufgehen sehen, zog vor ihnen her, bis er ankam und über dem Ort stehen blieb, wo das Kind war. Als sie den Stern erblickten, hatten sie eine überaus große Freude. Sie traten in das Haus ein und sahen das Kind mit Maria, seiner Mutter, fielen nieder und huldigten ihm.

Dann öffneten sie ihre Schätze und brachten ihm Geschenke dar, Gold, Weihrauch und Myrrhe ...

Nachdem die Magier aufgebrochen waren, erschien dem Josef ein Engel des Herrn im Traum und sprach: „Steh auf, nimm das Kind und seine Mutter und flieh nach Ägypten und bleib dort, bis ich es dir sage; denn Herodes will nach dem Kind suchen, um es zu töten." Da stand Josef auf, nahm in der Nacht das Kind und seine Mutter und floh nach Ägypten.

Aus dem Matthäusevangelium 2,1-14

Ich wünsche Ihnen
ein frohes Weihnachtsfest!

Anselm Grün

Auch als Hörbuch auf CD erschienen
(ISBN 978-3-451-35150-1)

Umschlag- und Innengestaltung:
Tina Agard Grafik & Buchdesign, Stuttgart
Covermotiv und Illustrationen im Innenteil:
Pingebat/iStock/Thinkstock
Satz: Layoutsatz Kendlinger, Freiburg
Herstellung: Graspo CZ a.s., Zlín

Gedruckt auf umweltfreundlichem,
chlorfrei gebleichtem Papier

Printed in the Czech Republic

ISBN 978-3-451-37543-9